La casa más grande del mundo

Leo Lionni

Traducción de Xosé Manuel González Barreiro

kalandraka

Había una vez una familia de caracoles
que vivía en una jugosa col.
La recorrían lentamente con sus casas a cuestas
en busca de una hoja tierna que mordisquear.

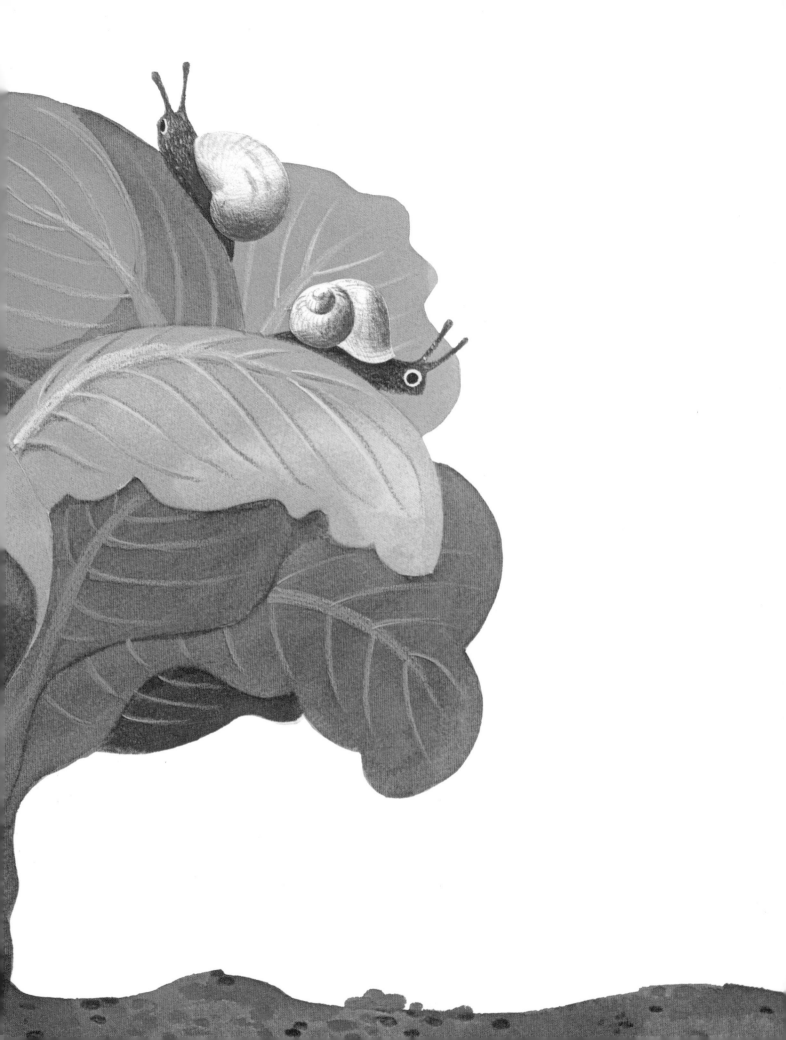

Un día, un pequeño caracol le dijo a su padre:

—Cuando sea mayor, quiero tener la casa más grande del mundo.

—¡Qué tontería! —le contestó el padre, que precisamente era el caracol más sensato de toda la col—. Algunas cosas, mejor pequeñas que grandes.

Y le contó esta historia:

«Érase una vez un pequeño caracol, exactamente como tú,
que un día le dijo a su padre:
—Cuando sea mayor quiero tener la casa más grande del mundo.
—Algunas cosas, mejor pequeñas que grandes —le contestó el padre—.
Tu casa debe ser ligera y fácil de transportar.

Pero el pequeño caracol no le quiso escuchar y,
escondido bajo la sombra de una gran hoja de col,
se enroscó y se estiró para un lado y para otro,
hasta que descubrió cómo hacer crecer su casa.

La casa creció y creció, y los otros caracoles decían:
—Puede que sea la casa más grande del mundo.

El pequeño caracol continuó enroscándose y estirándose
hasta que su casa fue tan grande como un melón.

Después, moviendo rápidamente su cola de izquierda a derecha,
aprendió a hacerse crecer enormes salientes puntiagudos.

Y a fuerza de apretar, empujar y desearlo con muchas ganas,
consiguió decorarlos con colores brillantes y hermosos dibujos.

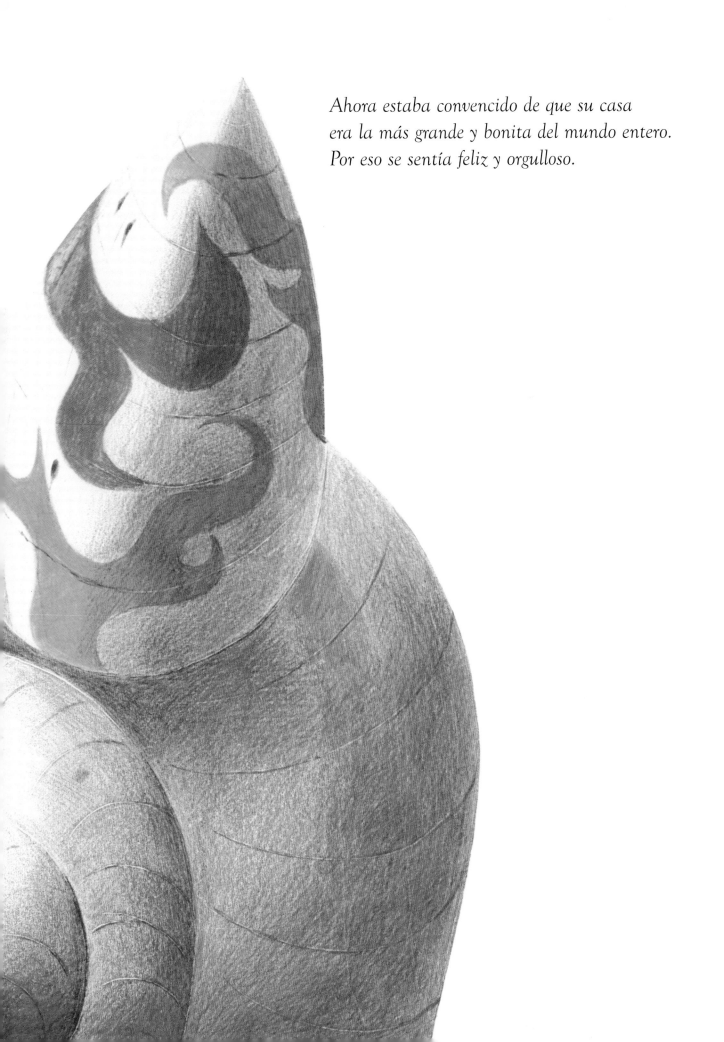

Ahora estaba convencido de que su casa
era la más grande y bonita del mundo entero.
Por eso se sentía feliz y orgulloso.

Un día, una nube de mariposas voló sobre el pequeño caracol.

—¡Mira! —exclamó una de ellas—. ¡Una catedral!

—No —dijo otra—, es un circo.

Nunca se hubiesen imaginado que aquello que estaban viendo era la casa de un caracol.

Y una familia de ranas, que iban hacia un lejano estanque, se detuvo impresionada.
—Nunca hemos visto algo tan sorprendente —le contaron después a sus primas—.
Un caracolillo normal y corriente con una casa que parecía una tarta de cumpleaños.

Unos días más tarde, cuando los caracoles ya se habían comido
todas las hojas de la col y apenas quedaban unos tallos rizados,
se fueron a otra planta. Pero el pequeño caracol, pobrecito,
no podía moverse. Su casa era demasiado pesada.

Quedó rezagado y, sin nada para comer, se fue apagando lentamente.
Solo quedó la casa.
Pero también se desmoronó poco a poco hasta que no quedó nada».

Así se acaba la historia.

El pequeño caracol estaba a punto de llorar.
Entonces se acordó de su casa.
«Mejor que siga siendo pequeña», pensó,
«y así cuando yo sea mayor podré ir adonde me apetezca».

Un buen día, claro y radiante, se fue a descubrir el mundo.
Algunas hojas se agitaban levemente con la brisa, y otras, más pesadas,
colgaban hasta rozar el suelo. Donde la oscuridad de la tierra se desvanecía,
los cristales relucían bajo el sol matinal.
Había setas moteadas y altos tallos
desde los que pequeñas flores parecían agitarse.
Había una piña perezosa que sesteaba a la sombra de los helechos;
guijarros lisos y redondos, como huevos de paloma, en un nido de arena.
Los líquenes se agarraban a las rocas y a la corteza de los árboles.
Los brotes tiernos eran dulces y frescos gracias al rocío de la mañana.
El pequeño caracol era muy feliz.

Las estaciones pasaron, los años pasaron...
Pero el pequeño caracol nunca olvidó la historia que su padre le había contado.
Y cuando le preguntaban «¿por qué tienes una casa tan pequeña?»,
él siempre narraba aquella historia de

La casa más grande del mundo.